- Do it yourself   69
- Spaziergang   74
- Für alle Ofen und Garten Besitzer   76
- Ehrenamtliche Arbeiten   78
- Schlusswort   79

AF237079

Bibliografische Information der Deutschen Nationalbibliothek: Die Deutsche Nationalbibliothek verzeichnet diese Publikation in der Deutschen Nationalbibliografie; detaillierte bibliografische Daten sind im Internet über dnb.dnb.de abrufbar.

© 2023 Lisa Marie Lepp
Herstellung und Verlag: BoD – Books on Demand, Norderstedt

ISBN: 9783756873746

123 Freizeit- und Gartentipps zum Geldsparen

Kleinkram macht auch Mist

Tolle Nebeneffekte:

Der Geldbeutel wird ohne große Mühen geschont

Man leistet einen Beitrag zum Umwelt- und Klimaschutz

Inhaltsverzeichnis

- Vorwort und ein großes Hallo 6
- Sport und Freizeit 9
  - Sport/Hobbys 9
  - Freizeitaktivitäten 11
- Fahrt Tipp 15
- Urlaub 16
  - Sparen beim Buchen 17
  - Unterkunft 20
  - Sparen vor Ort 23
  - Flugreisen 24
  - Bahnfahrten 25
  - Aktivitäten 29
- Garten / Balkon 30
  - Garten 30
  - Garten und Balkon 34
  - Gartenhäuser und Ähnliches 38
  - Grill 42
  - Pool 46
  - Anderes 48
- Bauprojekt Spielhaus 52
- Pflanzen 55
  - Anzucht 55
  - Dünger 60
  - Anderes 63

Für Alle, die nicht immer die Lust haben alles, was Autor*innen an „Unnötigem" nebenbei schreiben, zu lesen, für diese Leute habe ich die wichtigeren Wörter „**fett**" markiert.
Da ich selbst zu den "Buchtext-Überfliegern" gehöre, wollte ich es in meinen Büchern etwas einfacher gestalten.

Alle Bilder in diesem Buch sind eigene Aufnahmen aus unserem Leben.

Vorwort und ein großes Hallo

Schon mal vorab:

Schön, dass Sie sich für das Sparen in der Natur sowie in der Freizeit und dem immer wichtiger werdenden Thema Klimaschutz interessieren.
In diesem Buch beziehe ich mich auf die verschiedensten Einspartipps rund um den Garten, Balkon, Hobby und Urlaub.

So nun zu mir:

Mein Name ist Lisa Marie. Seit über 6 Jahre habe ich einen 24 Stunden Job als Hausfrau und Mutter und arbeite nebenbei in Teilzeit.
Ich liebe die Natur, das Kreative und natürlich das Sparen.
Wegen mehrerer Krankenhausaufenthalte Anfang des Jahres 2023, habe ich die daraus resultierte freie Zeit genutzt um meine Spartipps in Büchern festzuhalten.

Mit einer der Gründe warum ich mich hierfür so interessiere, sind meine Kinder. Mir ist es sehr wichtig, dass sie von klein auf das Geld nicht als selbstverständlich ansehen und natürlich sollen sie unsere Umwelt und die dazugehörigen Lebewesen zu schätzen lernen.

Der Prof. Dr. Gerald Hüther (Neurobiologe) sagte:

„Je mehr Sinne beim Lernen beteiligt sind, desto besser prägt sich einem Kind die neue Erkenntnis ein. Das beste Spielmaterial bietet dabei die Natur. Wenn Kinder zum Beispiel mit Blättern spielen, tun sie das mit mehreren Sinnen gleichzeitig."

Das Spielen und Entdecken in der Natur hilft den Kindern, ganz von allein, ihre Kreativität zu entfalten (alle Sinne werden angesprochen) und sie lernen die Nachhaltigkeit kennen.

Was gibt es schöneres wie die Artenvielfalt in der Natur zu erleben und gleichzeitig etwas Geld sparen?

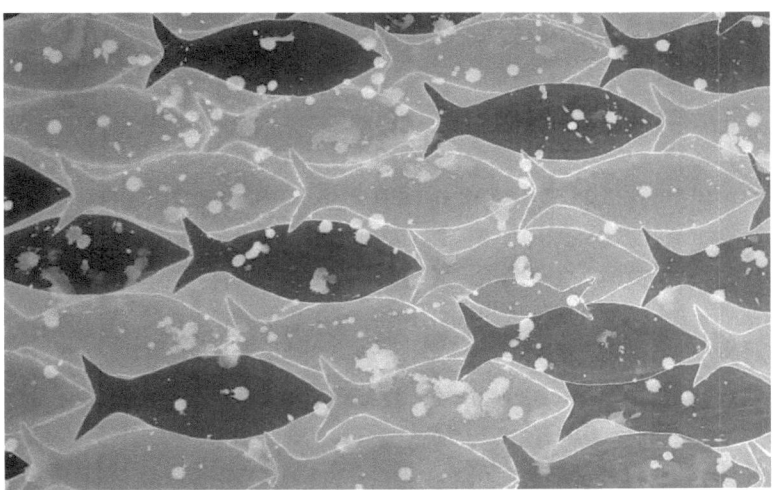

Ich selbst bin in einem naturverbundenen Dorf aufgewachsen und hatte als Kind immer die Möglichkeit sämtliche Tiere zu beobachten, durch die Bach zu stampfen und natürlich in die Gärten meiner Großeltern zu gehen um die leckersten Früchte von den Sträuchern zu pflücken oder das beste Obst vom eigenen Apfelbaum zu ernten und es wurde auch kein Halt an den Karotten gemacht ☺.

Mit einem Ruck hatte ich sie aus der Erde gezogen und unter Regenwasser kurz abgespült (Oke, so mache ich es heute immer noch).

Nie habe ich auch nur kurz daran gedacht die Schale von dem Gemüse oder dem Obst zu entfernen.

Mir wurde früh beigebracht „Das Gesündeste liegt direkt unter der Schale".

Wie viele mal sind wir die Feldwege lang gelaufen und haben uns mitten ins Gras gesetzt und die gepflückten Früchte verzehrt…. Diese Erinnerungen möchte ich nicht mehr missen.

Oke, gut genug in der Vergangenheit umhergeschweift. Jetzt zu dem eigentlichen Thema „Geldsparen".

Viele Tipps werden Ihnen auch in diesem Buch schon bekannt vorkommen, aber auch der ein oder andere Tipp wird neu sein. Viele Tipps haben Sie bestimmt schon oft gehört, die anderen eher weniger.

Manche Sachen müssen nur nochmal vors Auge geführt werden.

Sport und Freizeit

Sport/Hobbys

- **Statt für jedes Training oder Besuch, in den verschiedensten Einrichtungen, einzeln zu zahlen schließen Sie lieber Abos, Dauerkarten, Jahreskarten oder Mitgliedschaften ab.** Vorausgesetzt man nutzt es auch dementsprechend oft. Wenn man sich Stempelkarten kauft, dann auf ein Gültigkeitsdatum achten oder in dem Geschäft nachfragen wie lange diese gültig sind. Da das Datum schnell in Vergessenheit gerät, empfehle ich dieses in einem Kalender zu vermerken.

- Ob bei einem Besuch im Fitnessstudio, einen Ausflug auf den Spielplatz, Zoo oder auch bei der Fahrt in den Urlaub. **Alles was Ihr von Zuhause mitnehmt, muss nicht teuer woanders gekauft werden.** Dazu gehört neben der Trinkflasche auch der kleine Snack für zwischendurch. Im Supermarkt sind diese Artikel günstiger wie von einem Getränkeautomaten und von der Autobahnraststätte müssen wir gar nicht erst reden.

- **Neue Sportarten, Yoga- oder Gymnastikübungen können kostenfrei über YouTube Videos erlernt werden.** So entfallen nicht nur die Kursgebühren vor Ort sondern auch die Fahrt dorthin bleibt kostenlos. Zudem ist man auf keine Öffnungszeiten angewiesen und kann sich die Zeit hierfür frei einteilen.

- **Wenn Interesse an einem neuen Hobby gezeigt wird, dann neigen wir schnell dazu, alle die vielleicht benötigten Utensilien zu kaufen. Halten Sie sich vor Augen, dass diese Euphorie auch schnell wieder verfliegen kann.** Besser wäre es, die Utensilien vorerst zu leihen und nach einer längeren "Test Phase" diese zu kaufen. Aber auch nur das besorgen, was in dem Moment auch wirklich benötigt wird. **Nicht alles auf einmal kaufen.**

- Wenn Sie bereits in der Vergangenheit die verschiedensten Hobbys getestet und die dazugehörigen Utensilien gekauft haben, dann liegen diese vielleicht noch bei Ihnen zuhause. **Geben Sie dem alten Hobby nochmal eine neue Chance.**

Freizeitaktivitäten

- In den unterschiedlichsten Bereichen wie:

  - Schwimmbäder auch für Saunas
  - Öffentliche Verkehrsmittel
  - Fitnessstudios
  - Sonnenstudios

  können Wertkarten erworben werden.

  Diese Karten werden meist für einen geringen Preis verkauft, wie der Geldwert der Ihnen dann zur Verfügung steht.
  Hiermit hat man keine "Verpflichtungen" wie bei unteranderem einer Jahreskarte, da man den Gutschein auch in den darauf folgenden Jahren noch nutzen kann (trotzdem nach einem Gültigkeitsdatum nachfragen).
  Diese Geldwertkarte ist ideal, wenn man nicht wöchentlich plant diesen Ort aufzusuchen.

  Ob Wertkarten bei Ihnen vor Ort verkauft werden, liegt an den jeweiligen Geschäftsinhaber.

  Auch für Menschen die ihr Handy nur selten nutzen, ist das Umsteigen auf eine Wertkarte/Prepaidkarte eine Überlegung wert.

- **Viele Städte oder auch Dörfer bieten kostenlose Workshops und kulturelle Events an.** Sie sind eine tolle Alternative zu Kinobesuchen oder ähnlichem.

- **Die Kinder müssen nicht in der teuren Musikschule, Nachhilfe usw. angemeldet werden. Die Schulen bieten unterschiedliche Nachmittagsangebote an.** Da die Kurse nach dem normalen Unterricht stattfinden, muss das Kind nicht zu den Angeboten gefahren werden. So sparen Sie nicht nur Geld für die Fahrt sondern auch Zeit. Die Kinder haben die Möglichkeit in kostenlose Aktivitäten reinzuschnuppern. Da viele Kinder nur für eine kurze Zeit Interesse an der ein oder anderen Tätigkeit zeigen muss hierfür auch nicht extra ein kostspieliges Abo abgeschlossen werden.

Nicht nur Schulen bieten kostenlose Aktivitäten für Kinder oder auch Erwachsene an.

Hierzu gehören unteranderem:

- Mehrgenerationenhäuser
- Vereine
- Kirchen
- Jugendzentren

- **Die Natur bietet zahlreiche günstige und kostenlose Freizeitaktivitäten.**

  Möglichkeiten einen Spaziergang spannender zu gestalten:

    - Durch einen Fluss laufen
    - Neue Wege erkunde
    - Barfuß über die verschiedensten Wege laufen, dass macht das normale Spazieren spannender und es ist sehr gesund
    - Unterwegs picknicken
    - Seifenblasen machen
    - Fotos machen
    - Drachen steigen lassen
    - „Ich sehe was, was du nicht siehst" spielen
    - Wanderwege mit Sehenswürdigkeiten auswählen
    - Geocaching
    - Kinder lieben das Erkunden und Sammeln von Insekten unter Steinen

Das Besuchen von:

- Wildparks/Tierparks
- Parks
- Wahrzeichen/Sehenswürdigkeiten
- Märchenwege
- Historische Stätten
- Burgen
- Spielplätzen
- Seen
- Botanischer Garten

Verschiedenes:

- Sterne beobachten
- Sonnenaufgang/ Sonnenuntergang
- Campen
- Lagerfeuer machen

Aber bitte denkt immer daran, den eigenen Müll in die vorgesehenen Mülleimer zu werfen.

Fahrt Tipp

- **Suchen Sie sich Mitfahrgelegenheiten.**
Egal ob in das Fitnessstudio oder um die Kinder zum Sport zu fahren. Natürlich zählen dazu auch Bus und Bahn. Wenn Sie weder eine Mitfahrgelegenheit oder eine gute Bus/Zug Anbindung haben.

Vielleicht ist es für Sie interessant, einige Fahrten mit einem Roller zu tätigen.

Die Anschaffungskosten sind um einiges geringer wie bei einem Auto und er kostet in der Haftpflichtversicherung keine 50 € im Jahr. Auch der Sprit Verbrauch ist in Ordnung und viele Roller benötigen keinen TÜV oder sind auf jährliche Inspektionen angewiesen. Dies lohnt sich auf jeden Fall, wenn man oft Kurzstrecken zurücklegt und zuhause ein Diesel Fahrzeug stehen hat.
Auch kann auf einem Roller ein Kind mitgenommen werden.
Natürlich nur mit einem richtigen Helm und der Roller muss für zwei Personen zugelassen sein.

<u>Urlaub</u>

- Einen langen Urlaub gehört für die Meisten von uns schon fast zur jährlichen "Pflicht". Egal ob Strand und Meer oder in die Berge. Für dieses selbst gesetzte Ziel sparen wir das ganze Jahr eine Menge Geld an.

Aber überlegen Sie mal ob der nächste Urlaub wirklich in der Hauptsaison stattfinden soll?

Ja ich weiß, es gibt viele Leute die auf die Ferien angewiesen sind, aber auch dort lohnt sich ein Blick in den Kalender.

Reichen die einwöchigen Herbst- oder Osterfeiern für den geplanten großen Urlaub sogar schon aus?

In den Nebensaisons finden sich auch tolle Urlaubsziele, nur für weniger Geld.

Wenn man doch nicht auf einen Urlaub mitten im Sommer oder Winter verzichten möchte, dann empfehle ich einen Blick auf die umliegenden Bundesländer zu werfen.

Wenn dort noch keine Ferien oder diese dort bereits beendet sind, dann kann dort ein günstigerer Flugpreis ergattert werden und auch die Unterkünfte und Attraktionen sind günstiger.

Sparen beim Buchen

- **Planen Sie den nächsten Sommerurlaub in der Nebensaison und wenn man doch an die Ferien gebunden ist, vielleicht nicht in den Sommer- oder Winterferien verreisen, sondern in den Oster- oder Herbstferien.** In vielen Urlaubsländern ist auch dort bereits schönes Wetter.

- **Viele Reiseportale bieten den Urlaubern ein Cashback an.** Man sollte sich dies allerdings im Kalender vermerken, da es meistens erst nach Beendigung der Reise beantragt werden kann. **Die Teilnahmebedingungen sollten im vornerein berücksichtigt werden,** damit es am Ende nicht an einer Kleinigkeit scheitert. Ebenso sollten Sie darauf achten, ob das Geld Ihnen wirklich gutgeschrieben wird. Wenn nicht, dann bei dem Anbieter nachfragen. Fragen kostet nichts.

- **Nutzen Sie den Frühbucherrabatt oder Lastminute Angebote.** Damit können leicht einige hunderte an Euros gespart werden.

- Dem Alltag für ein paar Tage entfliehen, die Seele baumeln lassen und dem alltäglichen Stress den Rücken kehren und dabei nicht gleich ein riesiges Loch in den Geldbeutel drücken.

Viele Menschen entscheiden sich dann spontan für einen Kurztrip, statt auf den nächsten zwei wöchigen Urlaub zu warten.

Natürlich sind spontane Kurztrips etwas Wunderbares und **bei einigen Hotelketten können zudem Punkte gesammelt werden, die man später für einen anderen Aufenthalt, bei derselben Hotelkette, wieder einlösen kann.**
Um noch ein wenig mehr Geld dabei zu sparen, versuchen Sie bei der nächsten jährlichen Urlaubsplanung die Kurztrips schon direkt mit einzuplanen.
Zumal bei einer früheren Planung neben barem Geld auch der ein oder andere Urlaubstag gespart werden kann.

Vergleichen Sie die Feiertage des eigenen Bundeslandes mit dem der anderen Bundesländer.

Dadurch, dass überall unterschiedliche Feiertage bestehen, lohnt sich der Blick darauf, wann Sie einen Feiertag haben, aber ein anderes Bundesland diesen nicht. Somit sind dort die Preise für die Unterkunft günstiger und die Attraktionen, Innenstädte… sind nicht so stark besucht.

- **Wenn man offen für die Dauer und auch das Urlaubsgebiet ist, dann zahlt sich ein Blick in eBay Kleinanzeigen.** Viele Menschen können aus den verschiedensten Gründen ihre bereits gebuchte Reise nicht antreten und verkaufen diese für einen geringeren Preis. Das gilt auch für Festival,- Konzert,- Freizeitpark- und Musicaltickets.

Unterkunft

- **Wenn man im Vornerein plant in seinem Urlaub nicht oft im Hotel zu sein, dann reicht es aus nur Frühstück oder Halbpension zu buchen.** Ein ausgewogenes Frühstück reicht völlig aus. In der Mittagszeit kann man sich eine Kleinigkeit aus dem Supermarkt holen und am Abend gibt es dann etwas Warmes im Hotel zu essen. Dafür benötigt man kein Rundum Sorglos Paket. All Inklusive rentiert sich tatsächlich nur, wenn man sich die meiste Zeit auf dem Hotelgelände aufhalten möchte.

- **Wenn es doch ein wenig spezieller werden soll, dann fragen Sie Freunde oder Familienmitglieder ob man nicht gemeinsam ein paar Tage bei der jeweiligen anderen Familie verbringen möchte.** Die besuchte Familie könnte zum Beispiel die Tage mit Aktivitäten verplanen, von denen die anderen nichts wissen. Spaß ist auf jeden Fall vorprogrammiert.

- Der Urlaub ist in den letzten Jahren, wie auch alle anderen Dinge, um einiges teurer geworden.

  Natürlich kann man auf den einen oder anderen Tag Urlaub verzichten.

  Das spart schließlich auch Geld.

  Aber muss es immer ein Hotel sein?
  Es gibt so viele wunderschöne Ferienwohnungen mit allerlei Ausstattungen, die kein Hotel für den angebotenen Übernachtungspreis bieten würde.

- **Fast nichts ist günstiger wie Urlaub in den eigenen vier Wänden, im Garten oder auf Balkonien.** Natürlich ist der Urlaub dann nicht am Strand und man hat keine All Inclusive Angebote. Trotzdem sollte man der Heimat eine Chance geben und mit etwas Kompromissbereitschaft klappt das auch.

Wie wäre es, wenn Sie:

- Zelten, egal ob Innen oder in der Natur
- Wanderwege in der Umgebung ausfindig machen
- Am nächstgelegene See schwimmen oder Boot fahren
- An Staatsführungen teilnehmen
- Einen Kochkurs besuchen
- Cocktails in der Küche mixen und auf Balkonien schlürfen
- All you can eat Restaurants in der Nähe besuchen
- Was ist erholsamer wie langes Ausschlafen?

Oder sie verbringen mehr Zeit mit der Familie, wie:

- Backen
- Filmabende machen
- Ins Kino oder Schwimmbad gehen
- Drachensteigen lassen
- Radtouren unternehmen
- Einen Bauernhof besuchen

Sparen vor Ort

- **Den Mietwagen für den Urlaub im Ausland am besten schon vor Reiseantritt buchen.** Vor Ort, Bucher zahlen meistens mehr.

- **Kaufen Sie ihre Getränke oder Snacks im Supermarkt und nehmen Sie diese mit zu Sightseeing Angeboten,** so müssen keine überteuerten Preise an den Orten gekauft werden, wo viele Touristen unterwegs sind.

- **Die benötigten, aber nicht rezeptpflichtigen Medikamente beim nächsten Auslandsaufenthalt dort kaufen.** Es dürfen aber nur Medikamente für den eigenen Bedarf mitgenommen werden. Diese sollten auch nur bei Apotheken vor Ort gekauft werden. Lassen Sie sich auch genau zu den Inhaltsstoffen beraten. Da die meisten Medikamente in anderen Ländern auch andere Namen haben, empfehle ich: Den "bekannten" Namen auf der Verpackung zu notieren. In Deutschland sind die meisten Medikamente teurer, da wir höhere Lohnkosten zahlen.

Vor dem Kauf sollten Sie sich trotzdem die Preise von dem Medikament aufschreiben, dass Sie in der Apotheke oder im Onlineshop zahlen würden.

Alle wichtigen Informationen finden Sie auf: www.verbraucherzentrale.de (Stand:23.06.2022)

Flugreisen

- **Vor dem Buchen einer Flugreise sollten Sie zunächst den Flugpreis, von dem Flughafen in Ihrer Nähe, mit dem von anderen Flughäfen vergleichen.** Auch wenn dieser etwas weiter entfernt ist, sind die Einsparungen oft größer.

- **Die Flüge unter der Woche sind meistens günstiger wie am Wochenende.**

- **Verzichten Sie im Flugzeug, wenn möglich, auf das Kaufen von Getränken und Snacks,** auch wenn eine lange Flugreise ansteht. Lieber vor der Sicherheitskontrolle das von Zuhause mitgebrachte Getränk austrinken. So spart man sich die Kosten für das ein oder andere Getränke, was man im Flugzeug gekauft hätte.

Was viele Menschen nicht wissen:

Snacks dürfen in der Originalverpackung, im Handgepäck, mit ins Flugzeug genommen werden.

Bahnfahrten

- **Gehen Sie im Internet auf die Seite der Deutschen Bahn und dort auf die Rubrik der Bestpreissuche.** Wenn man zeitlich flexibel ist kann dort ein gutes Schnäppchen ergattert werden. Zu den Uhrzeiten wo die meisten Pendler unterwegs sind, kostet das Ticket etwas mehr Geld, da die Bahnen schon ausgelastet sind. Wählt man stattdessen eine Fahrt ein paar Stunden vorher oder nachher, dann kann über die Bestpreissuche ein günstiger Preis gefunden werden. So möchte die Bahn, dass sich die Fahrgäste auf die verschiedenen Fahrtzeiten aufteilen.

- **Wer sich von vornherein etwas mehr Zeit nimmt, der kann bei der Buchung, mit dem Zug oder Flugzeug, nach Zwischenhalten schauen.** Zwar dauert die Fahrt dann etwas länger, aber den eigenen Geldbeutel wird es bestimmt freuen.

- **Wer in die umliegenden Länder fahren möchte, kann bei ausländischen Bahnverbindungen, die mit der Deutschen Bahn kooperieren, buchen.** Alle Bahnanbieter bieten ihre eigenen Sparpreise an. Das die Fahrten mit demselben Zug, günstiger sind hat einen Grund. Wenn wir ins Ausland möchten, fahren zur selben Zeit Leute aus dem Ausland in Richtung Deutschland. **Die Sparpreise gelten aber nur, wenn die Route über das Rhein Main Gebiet führt.**

- Gerade Menschen, die auf dem Land leben, wissen wie abhängig man doch auf sein Auto sein kann. Meist ist der nächste Bahnhof einige Kilometer entfernt und die Busverbindungen lassen auch zu wünschen übrig.

  Damit man nicht schon total gestresst am Bahnhof ankommt, greifen viele auf das Auto zurück und parken auf dem Parkplatz bei dem Bahnhof. Gerade wenn man einige Tage unterwegs ist, gehen die Kosten ganz schön in die Höhe.
  Für alle Bahncard Besitzer: Schauen Sie in den Vorteilen der Bahncard nach, ob der Parkplatz am Bahnhof vergünstigt angeboten wird.
  Wenn keine Bahncard zur Verfügung steht, dann lohnt sich ein Blick ins World Wide Web.
  Viele Internetseiten vergleichen die Parkhausgebühren. Auch Tagestickets sind um einiges günstiger wie Stundentickets, gerade wenn man nicht genau abschätzen kann wie lange der Shoppingtrip dauern könnte.

  Natürlich gilt das auch für alle, die mit dem Zug zur Arbeit fahren und das Auto am Bahnhof stehen lassen.

- Auch bei Bahnreisen gilt. **Frühbucher sparen.** Es kann bis zu 6 Monate im Voraus gebucht werden.

- **Jeder kann im Internet oder auch vor Ort eine Bahncard beantragen. Mit dieser kann man selbst bei Buchungen über die Bestpreissuche noch Geld sparen.**

Folgende Vorteile bietet die Bahncard:

- Rabatte bei Bahnen und Busgesellschaften
- BahnBonus Punkte
- Günstig parken
  (in ausgewählten Parkhäusern)
- Kostenlose Anmeldung zum
  Flinkster Car-Sharing-Programm
- Vergünstigungen bei der Nutzung von
  Call a Bike
- Vergünstigter Bahnreise Schutz
- Exklusive Rabatte bei Avis, Europcar und Sixt
- Sparen Sie 10 % auf die DEVK
  Autoversicherung

(Quelle: bahn.de, Stand: 03.04.2023)

- **Fernbus-Anbieter unterbieten meistens die Sonderangebote der Bahn.** Bei Reisen mit dem Fernbus muss allerdings an den eigenen Komfortansprüchen geschraubt werden. Das Platzangebot im Zug ist doch etwas höher und man sollte mehr Zeit einplanen, da der Bus länger für eine Fahrt benötigt.

- **Es werden auch Gruppenpreise ab 6 Personen angeboten.** Diese sind günstiger wie Einzeltickets und auch dort können unterschiedliche Preiskategorien ausgewählt werden.

- **Kinder unter 14 Jahren fahren umsonst mit einem zahlenden Erwachsenen.**

- Für viel Fahrer:
  Vergessen Sie nicht, sich für das BahnBonus Vorteilsprogramm anzumelden. Wenn man bei der nächsten Buchung eingeloggt ist, dann werden automatisch Prämienpunkte gesammelt und diese können gegen Prämien eingelöst werden.

Aktivitäten

- **Familientage oder Angebotstage nutzen.** Gerade Karussellfahrten auf der Kirmes oder der Eintritt im Zirkus kann somit ein paar Euros weniger kosten.

- **Schauen Sie bei dem bevorstehenden Städtetrip, ob die Stadt oder das Gebiet spezielle Tages- oder Wochenpässe anbietet.** Damit bekommt man Vergünstigungen oder kostenlose Eintritte zu den verschiedensten Angeboten, Museen ... auch die Nutzung des öffentlichen Nahverkehrs sind meistens kostenlos.

Garten / Balkon

Garten

- **Wer nicht sofort den „perfekten" Rasen benötigt kann zu Rasensamen greifen,** statt zu dem teuren Rollrasen.

- **Vermeiden Sie die Nutzung eines Laubbläsers.** Das erspart neben Strom auch die Anschaffungskosten und kleine Tiere haben durch das Arbeiten mit einem Rechen auch die Möglichkeit einen anderen Unterschlupf zu finden.

- **Die größeren Steine, welche im Wald zu finden sind oder entsorgt werden sollen, können als Beeteinfassung verwendet werden.** So kann man die Kosten für die Rasenkantensteine sparen.

- **Das Gras wachsen lassen und nur mähen, wenn es nötig ist.** Neben dem Ersparnis von Benzin oder Strom für den Rasenmäher bietet der Rasen dann noch den Vorteil, dass er nicht so schnell, an warmen Sommertagen, vertrocknet.

- **Gartenwege schottern, statt Pflastersteine zu verlegen.**

- **Eine weitere Alternative zu den Pflastersteinen bieten Waschbetonplatten.** Diese findet man kostenlos über Ebay Kleinanzeigen fast wie Sand am Meer. Das haben wir uns nicht entgehen lassen. Zwar sagte mir das Aussehen der Trittseite nicht wirklich zu, aber die Rückseite wiederum war ansprechend. Nun liegen die Waschbetonplatten mit der Unterseite nach oben.

- **Zur Pflanzenbewässerung hat sich bei uns ein Solar Bewässerungssystem mit Regentonnen-Anschluss bewährt.** Dadurch wird nicht unnötig viel Wasser vergossen, da man die Wasserauslässe direkt in die Erde vor der Pflanze stecken kann und so sickern die Wassertropfen punktgenau in Richtung der Wurzeln. Neben dem geringen Wasserverbrauch, erspart man sich auch etwas Zeit, da man nicht täglich die Pflanzen gießen muss. Gerade wenn man für ein paare Tage in den Urlaub fährt, ist es eine gute Unterstützung bei der Bewässerung. Ebenso beugt das System auch einen Pilzbefall vor, da die Blätter nicht unnötig nass werden und es verdunstet nicht unnötig viel Wasser.
Man hat nur einmalige Anschaffungskosten, da das Wasser aus der Regentonne kommt und dank des mitgelieferten Solarpanels wird auch kein Strom benötigt.

- **Die Gartengestaltung und -pflegekosten von Handwerkern, Gärtner... können in der nächsten Steuererklärung mit angegeben werden.** Das gilt natürlich nur, wenn Ihnen eine Rechnung hierfür vorliegt.

- **Wenn Bäume im Garten stehen und es für die Kinder nicht unbedingt ein Klettergerüst mit Schaukel sein muss. Dann können die Äste von den Kids zum Klettern genutzt und für die Schaukel muss auch kein extra Gerüst gekauft werden.** Ein dicker relativ gerader Ast reicht völlig aus. Wenn der Ast doch etwas zu weit nach oben wächst, aber sonst sehr kräftig ist, dann hängen Sie doch eine Nestschaukel daran. Diese wird in der Regel mit lediglich einem Seil am Baum befestigt. Um den Ast zu schützen sollte aber ein Vlies unter die Stelle an dem das Seil den Baum berührt, gelegt werden. So scheuert das Seil nicht durch und für den Ast ist es auch eine kleine Entlastung.

Garten und Balkon

- **Greifen Sie beim Kauf der Gartengeräte lieber zu den etwas hochwertigeren.** Schließlich wollen Sie nicht jedes Jahr neue kaufen. Die hochwertigen Gartengeräte können auch gebraucht gekauft werden.

- Der Winter ist gerade vorbei und schon sieht man auf den Böden Grünbelag. **Es muss nicht der teure Grünbelagentferner vom Baumarkt sein, lieber Essigessenzen auf die Stellen sprühen** und dann je nach Verschmutzungsgrad dies bis zu 3 Tage einwirken lassen.

- Wenn es farbenfrohe Blumen aus dem Gartencenter werden sollen, um Blumenbeete oder den Tisch mit einem Blumenstrauß zu verschönern. **Dann fragen Sie die Floristen*in nach Blumen im Angebot. Alternativ können Sie auch bei dem Discounter um die Ecke nachschauen.**

- **An das Balkongeländer kann ein Balkonkraftwerk installiert werden.** Somit wird Strom gespart und seit dem 01.01.2023 muss keine MwSt. mehr darauf gezahlt werden. Bis zu 200€ im Jahr können damit gespart werden und desto höher der Strompreis bei Ihrem Anbieter wird, desto mehr spart man mit der Anschaffung des Kraftwerks.

- **Die Erde von älteren verdorrten Pflanzen in den Komposter geben oder unter andere frische Erde mischen.**

- **Sparen Sie sich den Kauf eines Plastik-Sichtschutzes. Pflanzen Sie lieber Bäume, Büsche oder Pflanzen.** Diese müssen nicht nach ein paar Jahren, aufgrund der witterungsbedingten Abnutzung, getauscht werden. Die Pflanzen können entweder direkt in die Erde oder auch in Blumentöpfe gepflanzt werden. So freut sich nicht nur die Natur, sondern man hat auch etwas Wunderschönes und Natürliches zu betrachten und bei Obstpflanzen kann auch noch jährlich etwas geerntet werden.

- **Die Balkon,- Terrassen,- oder Gartenmöbel im Set kaufen.** Manche Hersteller bieten ihre Ware schon im vornerein als Set an, gegenüber dem Einzelkauf kann dort einiges an Geld gespart werden.

- **Lavendel Sträucher im Garten sehen nicht nur super aus, sie riechen auch toll und locken unterschiedliche Insekten an.** Diese sorgen im Gegenzug dafür, dass die eigene Ernte größer ausfällt. Da die Sträucher auch winterhart sind müssen diese lediglich einmal gekauft werden und man profitiert die nächsten Jahre davon.

- Wer möchte nicht so wenig Arbeit wie möglich haben und trotzdem den wunderbaren Anblick von bunt bepflanzten Balkonkästen genießen?

Sehr viel Zeit geht für das Gießen der Pflanzen darauf, die Kosten für Leitungswasser sind auf Dauer auch nicht ohne, ebenso sind die vollen Gießkannen alles andere als leicht zu tragen.

Bei dem nächsten Kauf von Blumenkästen kann auf einen integrierten Wasserspeicher geachtet werden.

Darin sammelt sich das überschüssige Wasser und gibt es dann langsam an die Erde zurück.
Wenn Sie noch das Wasser von dem Abwasch des Salats übrighaben, kann dies in die Öffnung an der Ecke eingefüllt werden. Dann haben die Pflanzen auch gleichzeitig noch einen guten Dünger und Sie müssen nicht an das Leitungswasser wegschütten.
Viele Blumenkästen können sich auch fast selbst überlassen werden, zumindest was die Bewässerung angeht. Bei Regenwetter füllen sich die Wasservorräte von allein und keine Angst, der Topf wird vom Wasser nicht überfüllt, da unter dem Zwischenboden Ablauf Löcher sind.

- Die warmen Tage werden immer mehr und auch der Regen lässt sich in der warmen Jahreszeit nicht mehr so oft Blicken, wie man es sich wünscht. Trotzdem möchten wir nicht auf schöne bunte Blumen und die üppige Ernte im Herbst verzichten. Aber alles benötigt Wasser zum Wachsen. **Deswegen sammeln Sie Regenwasser von Hausdächern.** Die Standard Regentonnen kosten auch neu nicht viel Geld und man kann mit dem aufgesammelten Wasser seine Pflanzen weiterhin gießen. Das man Hausdächer, Gewächshäuser und auch Gartenhäuser zum Aufsammeln von Wasser nutzt, ist ja schon bekannt aber was ist mit dem Holzunterstand oder dem Spielturm von den Kindern? Auch daran lässt sich einfach eine Regenrinne montieren.

- **Die unterschiedlichsten Internetprotäler wie eBay Kleinanzeigen sowie Aushänger im örtlichen Supermarkt oder auch die Anzeigen in der wöchentlichen Zeitung können durchforstet werden.** Dort findet man nicht nur günstige oder kostenlose Gartendeko, Gartenmöbel oder Pflanzen, auch das ein oder andere Einzelstück findet sich dort.

Gartenhäuser und Ähnliches

- **Man kann einen Holzunterstand im Baumarkt kaufen oder ihn selbst bauen.** Bei beiden Möglichkeiten muss er sowieso von Hand zusammengebaut werden.
Man benötigt nicht viel Erfahrung und Können um so einen Unterstand zu errichten. Alte Paletten oder Holzreste, etwas Dachpappe oder Gummi und Schrauben werden benötigt. Die benötigten Utensilien findet man für wenig Geld in eBay Kleinanzeigen und vielleicht findet sich die eine oder andere Kleinigkeit noch in einer Ecke.
Geld spart man damit allemal.

- **Für mehr Ordnung im Gartenhaus kann eine Holzpalette Abhilfe schaffen.** Dort können Gartenhaken, Unkrautstecher... hineingesteckt werden.
  Wer noch seine Gartenhandschuhe, Gartenscheren oder Handfeger daran hängen möchte, der kann ein paar Schrauben oder Nägel an die Außenseite des Holzes machen. Schon kann auch kleinstes Zubehör daran aufgehängt werden.

- **Im Baumarkt nach Gartenhäusern, die ausgetauscht werden sollen, schauen oder nachfragen.** Diese Häuser erhält man für einen Bruchteil des eigentlichen Preises, muss sich dann aber die Zeit nehmen um das Gartenhaus selbst abzubauen. Auch an den Transport muss gedacht werden, da ein bereits aufgebautes Gartenhaus mehr Platz bei einer Autofahrt benötigt wie ein Neues.

- **Regale im Gewächshaus sorgen dafür, dass noch mehr Pflanzen von der Wärme profitieren können.** Kleinere Pflanzen können darauf stehen. Dank der weiteren Pflanzen fällt die Ernte größer aus und auch die Kosten für das Gewächshaus haben sich schneller ausbezahlt.

- **Auch alte Haken können an den Wänden des Gartenhauses befestigen werden.** Daran können allerlei Gartenutensilien gehängt werden, wie Schaufeln oder Arbeitsklamotten. Zudem spart man sich noch etwas Platz in dem Gartenhaus, da das Zubehör nicht überall im Haus an den Wänden lehnt.

- **Alle Besitzer eines Gewächshauses sollten es auch im Winter nutzen.** Ganzjährig hat man somit die Möglichkeit etwas Geld zu sparen und im Gegensatz zu den Produkten aus dem Supermarkt, weiß man was in den Produkten tatsächlich enthalten ist (keine Chemiekeulen).

Dieses Gemüse kann im Herbst im Gewächshaus angebaut und im Winter geerntet werden:

- Rote Beete
- Rettich
- Rotkohl
- Feldsalat
- Pflücksalat
- Radieschen
- Spinat
- Grünkohl

Grill

- **Kaufen Sie das Grillfleisch wenn es im Angebot oder das Mindesthaltbarkeitsdatum fast überschritten ist.** Das Fleisch kann eingefroren werden und wenn es benötigt wird, ein paar Stunden vorher an einen warmen aber nicht zu sonnigen Platz zum Auftauen legen. Auch sollte das Auftauen in heißem Wasser vermieden werden. Man möchte schließlich den Bakterien keine Möglichkeit geben sich auszubreiten und auf den Geschmack möchte man auch ungern verzichten.

- **Beim Grillen sollte nur so viel Kohle, wie auch tatsächlich benötigt wird, genutzt werden.** Lieber nochmal neue Kohle unter die bereits heiße Glut mischen.

- Auch Getränke dürfen beim Grillen natürlich nicht fehlen, gerade wenn Kinder anwesend sind **kann aus Leitungswasser und Sirup ein leckeres Getränk gemischt werden.** Den Sirup kann man im Supermarkt kaufen oder selbst herstellen.

- Auf einer Grillparty dürfen Luftballons natürlich nicht fehlen, ganz egal ob nun ein Geburtstag oder ob einfach so gefeiert wird.
Die Luftballons müssen nicht mit Helium befüllt werden, damit sie nicht nur auf dem Boden liegen. Die „normale" Luft reicht völlig aus. Das Helium ist eine sehr teure Anschaffung. Egal ob man die Ballons im Geschäft auffüllen lässt oder sich selbst ein Heliumtank kauft. Mit doppelseitigem Klebeband können die Luftballons an Wänden... befestigt werden.
Man könnte auch eine Schnur an dem Luftballon befestigen und diese so aufhängen.

Es gibt aber auch Bänder in die man die Ballons hineinstecken kann und diese ergeben eine schöne Ballongirlande. Diese Bänder sind mit keinen 5 € günstig zu erwerben und können immer wieder aufgewickelt werden.
Nun sind die Bänder für die nächste Party bereit.

43

- Im Supermarkt kann neben fertigem Kartoffelsalat auch verschieden Salatsorten verpackt gekauft werden. Klar erspart es Arbeit, die Blätter eines Salatkopfes brauchen schließlich nicht mehr gepflückt werden.

Muss es aber wirklich der vermeintlich frische Salat aus der Plastikverpackung sein?

Wenn man nicht die Möglichkeit hat frischen Salat aus dem eigenen Garten zu ernten oder auch auf die unterschiedlichsten Salatsorten nicht verzichten möchte.

Mein Tipp: Pflücken Sie im Garten oder auf dem Feld Löwenzahn, nehmen Sie ein paar Blätter der Brennnessel, zusammen mit einem Kopfsalat, Lollo Rosso oder Ähnlichem, vielleicht mit noch ein paar Kräutern wie Schnittlauch. Das ergibt einen super leckeren und gesunden Salat.

Zudem kostet der selbst gepflückte Salat (auch wenn der Salatkopf im Supermarkt gekauft wurde) um einiges weniger, wie der fertig gepflückte in der Plastikverpackung. Man kann auch direkt mehr Salat (ohne Salatdressing) vorbereiten und in Dosen im Kühlschrank ein paar Tage aufbewahren.
Dann hat man direkt für mehrere Tage frischen Salat.

- **Kaufen Sie lieber eine abwaschbare Tischdecke, anstatt einer Papiertischdecke.** Die kostet einmalig zwar etwas mehr Geld, aber dafür kann man sie sehr lange nutzen. Sie kann nach der Nutzung abgewaschen und dann wiederverwendet werden.

- **Kein Einweg- Geschirr, Besteck und Gläser nutzen.** Lieber auf das aus der eigenen Küche zurückgreifen. Dieses kann später in der Spülmaschine gereinigt werden.

- **Wer gerne Oliven und/oder Mais vom Kolben isst, kann die Kerne und den Rest des Maiskolbens beim nächsten Grillen unter die Grillkohle mischen.** Dies hat fast denselben Effekt.

Pool

- Wer im Garten einen Pool stehen hat, egal ob fest verbaut oder freistehend (ausgeschlossen: Luft befüllte Pools). **Die freistehenden Pools können im Winter am Platz stehen gelassen werden. So spart man sich das ständige auf- und abbauen und das Material wird weniger abgenutzt.** Nur einen kleinen Teil des Wassers (etwa 1/8) sollte darin bleiben, so ist gewährleistet das der Pool nicht durch einen Sturm beschädigt wird. **Im Winter sammelt sich selbst durch die Abdeckplane** (in der Regel haben diese Planen ein paar Löcher in der Mitte) **einiges an Regenwasser. Im Frühling kann mit dem Regenwasser die Wassertonnen aufgefüllt** und natürlich auch schon die ersten Pflanzen gegossen werden. Es reicht auch aus das „alte" Wasser erst ablaufen zu lassen, wenn es die Außentemperaturen hergeben. Es kann ja durchaus vorkommen, dass ein Sommer recht kühl oder verregnet ist. Dann hat man frisches Wasser völlig umsonst in den Pool einlaufen lassen.

- **Eine Pool Abdeckung nutzen.** Diese erwärmt das Wasser durch die dunkle Plane schneller und sorgt dafür, dass das Wasser in der Nacht nicht so schnell auskühlt und über den Tag verteilt weniger Wasser verdunstet und somit weniger nachgefüllt werden muss.

- **Auf die Luftmatratzen möchte so gut wie keiner im eigenen Pool verzichten. Kaufen Sie diese antizyklisch.** Das heißt: Im Abverkauf für das nächste Jahr zuschlagen. Wenn es doch kurzfristig benötigt wird, schauen Sie zunächst in eBay Kleinanzeigen bevor Sie im Geschäft nach Neuwaren Ausschau halten. Sehr viele Leute kaufen während ihres Strandurlaubs die verschiedensten Wasserspielsachen und auch Luftmatratzen. Zuhause werden diese im Koffer wiederentdeckt und wenn keine Verwendung dafür gefunden wird, dann stellen sie diese für wenig Geld ins Internet.

Anderes

- **Nutzen Sie bei den nächsten Gartenarbeiten Ihre Muskeln.** Anstatt zur Gartenfräse, lieber zur Schaufel greifen. Das spart nicht nur Akku/Benzin und die Anschaffungskosten, sondern man macht auch gleichzeitig etwas für seine Fitness.

- **Beim Interneteinkauf, ganz egal ob Gartengeräte, Pflanzen oder Gartenmöbel, auf der jeweiligen Internetseite nach Neukunden Rabatten oder Newsletter Anmeldung schauen.** Viele Anbieter gewähren nochmal ein paar Prozent auf den Einkauf oder der Versand ist kostenlos.
Einen genaueren Blick auf die Internetseite kann sich lohnen.

- **Die Etiketten, zum Beschriften der Tiefkühlwaren, können öfter genutzt werden.**
Das alte Etikett von der Dose oder Tüte vorsichtig entfernen und auf eine Klarsichthülle kleben (falls kein leeres Aufkleber Papier zur Hand ist).
Das alte Datum und die Beschriftung durchstreichen und den restlichen Platz nutzen um damit die neue Tiefkühlware zu beschriften.

- **In der Natur wachsen die verschiedensten Pflanzenarten. Wenn diese nicht unter Naturschutz stehen, können diese in kleinsten Mengen gepflückt werden und ins eigene Zuhause mitgenommen werden.** Egal ob als Blumenstrauß auf dem Esstisch oder mit Wurzel in ein Blumenbeet. Die Pflanzen sind kostenlos und die meisten, die mit der Wurzel entnommen wurden, vermehren sich mit den Jahren von ganz allein. Zudem sind sie Insekten freundlich und wurden auch nicht chemisch behandelt.

Ich habe schon kleine Pflanzen auf unserem Bürgersteig mit Wurzel herausgezogen und diese an eine andere Stelle eingepflanzt.

Es muss nicht jedes "Unkraut" entsorgt werden.

"Jeder darf danach wildlebende Blumen, Gräser, Farne, Moose, Flechten, Früchte, Pilze, Tee- und Heilkräuter sowie Zweige wildlebender Pflanzen aus der Natur an Stellen, die keinem Betretungsverbot unterliegen, in geringen Mengen für den persönlichen Bedarf pfleglich entnehmen und sich aneignen."

(Quelle: bmuv.de, Stand: 15.11.2021)

Gerade der meist gehasste Löwenzahn und auch die Brennnessel ist in meinen Augen kein Unkraut. Wenn man sich mit ihnen etwas intensiver befasst, merkt man, dass man beide Pflanzen bedenkenlos essen oder zu Tee verarbeiten kann, auch bei den verschiedensten Wehwehchen können Sie uns positiv unterstützen. Darüber hinaus sind sie tolle Nistplätze und Nahrungsquellen für Insekten.

Mein Tipp: Das bekannte Brennen der Brennnessel kann vermieden werden, indem man die Blätter von oben anfasst (normalerweise befinden sich auf der Unterseite des Blattes die Brennhaare) und dieses dann nach unten drückt. So zerbrechen, durch die Reibung, die kleinen Haare und das Blatt brennt nicht mehr auf der Haut.

Bauprojekt Spielhaus

Letztes Jahr haben unsere Töchter den Wunsch geäußert, dass sie gern ein großes Spielhaus zum Spielen hätten. Um Freunde zu empfangen und damit sie uns alle mit leckerem selbstgemachten Tee und Suppe verwöhnen können.

Ein paar kleine Überlegungen waren erforderlich, aber für uns hatte nichts dagegengesprochen.
Als wir uns für einen geeigneten Platz im Garten entschieden haben, starteten wir mit der Planung.

Unsere Kinder wollten ein großes Thekenfenster haben und uns war es wichtig, dass man es später noch als Unterstand für Gartenartikel nutzen kann, demnach durfte es auch nicht so niedrig sein.

Dann haben wir alte Paletten zusammengesucht und alten Gummi fürs Dach besorgt.
Waschbetonplatten sind unser Fundament, diese gab es umsonst über Ebay Kleinanzeigen.

Dann ging das große Werkeln los.

Zwei Orangenkisten wurden von unseren Mädels kunterbunt angemalt und dienen jetzt als Regal in deren Spielhaus.

Zum Schluss haben wir noch eine Regenrinne angebracht und eine große Wassertonne dahinter gestellt.

Klar der Außen- und Innenanstrich durfte nicht fehlen, da hatten wir aber noch einige Reste von unserer Hausrenovierung übrig.

Den allerletzten Feinschliff erhält das Häuschen aber von den Kids. Hier ein bisschen rosa Kreide und dort ein bisschen gelbe Kreide ☺.

Am Ende hat es nur ein Bruchteil von dem gekostet, was ein Kinderspielhaus/Gartenhaus, mit unseren Vorstellungen gekostet hätte.

Das Resultat können Sie auf den folgenden Bildern sehen.

Pflanzen

Anzucht

- **Wer keine speziellen Tomaten oder Paprikasorten anbauen möchte, kann aus den Kernen, der im Supermarkt gekauften Frucht (Bio Qualität), die Pflanzen selbst ziehen.**

- **Die Samen von geernteten Früchten können Sie trocknen** und in einem luftdichten und trockenen Gefäß an einem dunklen Platz aufbewahren. Im nächsten Jahr können diese Samen wieder ausgesät werden.

- **Kräuter lassen sich in Blumentöpfen am Fenster oder auf dem Balkon in Pflanzkästen anpflanzen.** Sie hängen am Geländer und stehen nicht im Weg und bei Regen müssen sie auch nicht gegossen werden. **Warum nicht das nächste Mal Kräuter dort anpflanzen wo andere Blumen wachsen lassen?** Wenn Sie nicht auf bunte Blumen auf dem Balkon verzichten möchten, kleiner Tipp: Es gibt auch essbare Blumensamenmischungen.

- **Heben Sie bei Ihrem nächsten Blumen oder Pflanzenkauf deren Plastikübertöpfe auf** (oder fragen Sie in einer Gärtnerei oder bei einem Floristen). Diese können in der nächsten Anpflanzsaison genutzt werden und man muss keine Minigewächshäuser kaufen. Damit aus dem gepflanzten Samen schnell eine Pflanze keimt, kann auf den Plastikübertopf eine alte kleine Glasscheibe gelegt werden. So staut sich auch bei kaltem Wetter die warme Luft in dem Gefäß und das Gießwasser verdunstet nicht zu schnell, da es immer wieder von der Scheibe auf die Erde tropft.

- **Die Aussaatbänder im Gartencenter sind teuer, kaufen Sie lieber ein Päckchen mit losen Samen und machen Sie das Saatband selbst.** Hierfür muss lediglich Klopapier in Streifen geschnitten und etwas Wasser und Mehl zu einer zähflüssigen Masse verrührt werden. Diese auf das Klopapier geben und dann die Samen in den gewünschten Abständen und vielleicht auch verschiedenen Sorten darauflegen. Jetzt muss nur noch gewartet werden bis die Wasser Mehl Mischung getrocknet ist und schon kann das eigen hergestellte Saatband in die Erde gelegt werden.

- **Die Pflanzen müssen nicht unter einer Lampe vorgezogen werden, eine Fensterbank mit etwas Sonneneinstrahlung reicht völlig aus.** Lieber ein paar Wochen früher mit der Anzucht starten, dafür erspart man sich die Stromkosten und Anschaffungskosten der Lampe. So verringert sich die Gefahr, dass die Pflanzen in die Höhe schießen und "vergeilen". Falls der Stängel doch etwas höher ist wie gehofft, dann die Pflanze etwas tiefer in die Erde setzen.

- **Die jährlich benötigten Pflanzen können selbst vermehrt werden.** Eine einfache Pflanze zum Vermehren und somit auch für Anfänger geeignet, ist die Erdbeere. Wenn die Erdbeerzeit vorbei ist, dann steckt die Pflanze ihre Energie in ihre Ableger. Bis in den Herbst sollten diese an der Mutterpflanze hängen gelassen werden. Bis dahin hat der Ableger eigene Wurzeln gebildet und kann sich selbst versorgen, dann ist es auch an der Zeit diesen von der Mutterpflanze zu trennen und an seinen Bestimmungsort zu pflanzen.

- **Das Laub kann genutzt werden um die Pflanzen vor Frost zu schützen.** Es wirkt wie eine Isolierschicht und einen tollen Nebeneffekt hat es auch, Unkraut gedeiht darunter nicht allzu gut.

- **Bei Frost können kleine Pflanzen mit Einweggläsern geschützt werden.**

- **Die Zwiebeln von den Blumen, bei Möglichkeit, in der Erde stecken lassen.** So wachsen auch im nächsten Jahr wieder tolle Blumen und die Zwiebeln vermehren sich von Jahr zu Jahr. Dadurch erspart man sich neben den jährlichen Anschaffungskosten auch die Arbeit, die Zwiebeln, erneut in die Erde zu setzen.

- **Von den Tomaten müssen die Geiztriebe entfernt werden, da diese der Pflanze die Energie für die Tomatenfrüchte rauben. Aber auch diese Triebe müssen nicht immer entsorgt werden.** Sondern können in ein Gefäß mit Wasser für etwa 10 Tage gestellt werden. Wenn sich Wurzeln gebildet haben, dann kann die Pflanze in die Erde gepflanzt werden und schon haben Sie eine weitere Tomatenpflanze.

- **Es gibt viele Möglichkeiten um nicht zu den teuren Anzuchttöpfen zu greifen, eine davon sind Eierkartons.** Die ausgesäten Pflanzen aber bitte nicht zu viel gießen, sonst schimmelt der Eierkarton. **Wenn die Pflanze schon etwas größer ist, dann eignen sich saubere Joghurtbecher.**

Dünger

- **Bei mir kommt zum Düngen so einiges unter die Erde. Neben dem Abwaschwasser vom Obst und Gemüse, nutze ich auch Sauermolke ! Achtung ! Diese nur verdünnt auf die Erde geben.** (Verhältnis etwa 1:15) Vielleicht befindet sich auch in Ihrer Nähe ein Milchwerk, wo man die Sauermolke kostengünstig erwerben kann.

- **Ein Komposter ist auch eine empfehlenswerte Anschaffung.** Neben gemähtem Gras, können unteranderem auch Eierschalen, Kaffeesatz und Asche aus dem Ofen hinein. Nach etwa einem Jahr hat man nährstoffreiche Erde für seine Pflanzen. Die Erde eignet sich aber nicht für die Anzucht, da der hohe Nährstoffgehalt dafür sorgt, dass die Keimlinge viel zu dünne Stiele entwickeln. Am besten vor dem Einpflanzen in das Beet den Kompost unter die vorhandene Erde graben.

- **Wer nicht viel Platz für einen Komposter hat, aber nicht auf selbst hergestellte Erde verzichten möchte, kann auf eine Wurmkiste oder einen Flaschenkomposter zurückgreifen.** Für beide Möglichkeiten gibt es Bauanleitungen im nternet, natürlich kann es auch fertig gekauft werden.

- **Der Komposter sollte nicht auf gepflasterten Boden, sondern auf den Gartenboden gestellt werden.** So können die nützlichen Helferlein besser in den Komposter gelangen und die Abfälle werden so rasch zersetzt und man profitiert schneller von der nährstoffreichen Erde.

- **Brennnessel Jauche ist perfekt für das Düngen von Pflanzen und Blumen geeignet.** Zuerst müssen Brennnessel gepflückt und in einem Eimer, mit etwas Wasser, ein paar Tage stehen gelassen werden. Dann kann man ein kleinen Teil davon in die Gießkanne geben (Verhältnis etwa 1:10) und es mit weiterem Regenwasser vergießen. Achtung! Wegen des starken Geruches, sollte man den Eimer mit der angesetzten Jauche draußen stehen lassen.

- **Auch Pferde,- Hühner- oder Hasenkot eignet sich super als Dünger** und erspart die Fahrt zum nächsten Supermarkt. Dieser kann entweder in den Komposter gemacht werden oder unter die alte Erde im Beete gegraben werden.

Anderes

- **Pflanzenschutzmittel kann man auch vermeiden. Dazu muss lediglich dafür gesorgt werden, dass sich die verschiedensten Insekten und andere Lebewesen im eigenen Garten wohlfühlen.** Jedes Lebewesen hat in der Natur seinen eigenen Nutzen.

Hierzu ein paar Tipps:

- Insektenhotels aufstellen/hinhängen
- Eine Ecke mit Totholz
- Wassertränke aufstellen und in diese ein paar kleine Steine legen. So können auch kleinste Insekten davon trinken ohne ins Wasser zu fallen

All das sorgt für ein gesundes Gleichgewicht im Garten oder auf dem Balkon.

- **Wenn die Ernte sehr üppig ausfällt, können die verschiedensten Lebensmittel aus dem Garten für längere Zeit haltbar gemacht werden.**

Anbei ein paar Verwendungsbeispiele:

Zum Einkochen:

- Tomaten (Tomatensoße)
- Karotten
- Äpfel (Apfelmus)

Zum Einfrieren:

- Kräuter
- Essbare Blüten
- Karotten
- Zucchini (bereits kleingeschnitten)

Zum Trocknen:

- Kräuter
- Essbare Blüten
- Kurkuma als Gewürz nutzen
- Bananen
- Hagebutten
- Brennnessel

- **Wenn viele Ableger von eigen gesäten Pflanzen vorhanden sind, dann können diese auch verkauft, getauscht oder verschenkt werden.** So können noch mehr der Pflanzen ein neues „Zuhause" finden, dadurch haben Insekten eine weitere Nahrungsquelle und die Welt wird wieder ein klein wenig bunter. Jede noch so kleine Pflanze trägt dazu bei.

- **Bei der Gestaltung von Garten, Balkon... kann auf mehrjährige Pflanzen zurückgegriffen werden.** Man zahlt dann lediglich einmal für die Pf anzen oder Samen anstatt sich jedes Jahr neue zu besorgen.

- Eine Alternative, für das Pflanzen kaufen im Gartencenter, findet sich vielleicht in Ihrer Nachbarschaft, unter den Freunden oder auch in Internetportalen. **Schließlich können Pflanzen untereinander kostenfrei getauscht werden.** Viele Leute werfen die zu viel gezogenen Pflanzen weg, aber woher sollen Freunde, Nachbarn... auch wissen das Sie sich über die Pflanzen gefreut hätten? Fragen und darüber reden kostet nichts. Auch eine Anzeige in Internetportalen kann bei der Suche/Tausch behilflich sein.

- **Wenn Sich Blattläuse auf den Trieben der Rose niedergelassen haben, dann können diese mit einem etwas härteren Wasserstrahl entfernt werden.** Somit sind die Kosten für das Blattläuse Spray hinfällig und das Wasser schadet in keinster Weise der Natur und gegossen sind die Pflanzen dann auch.

- **Gießen Sie morgens und/oder abends.** Die Sonne lässt tagsüber das gegossene Wasser viel zu schnell verdunsten und kann dadurch nicht richtig von der Pflanze aufgenommen werden.

- Viele Städte und Dörfer bieten wöchentliche Wochenmärkte an. **Bei einigen Ständen werden zum Ende hin die Pflanzen um einiges günstiger verkauft.**

Vielleicht ist auch etwas für Sie dabei.

- Wer fast keine Arbeit in seinem Garten haben und trotzdem etwas Frisches ernten möchte, **sollte Obstbäume und Beerensträucher pflanzen.** Diese machen kaum Arbeit, aber sie schenken jährlich frisches Obst. Die Bäume und Sträucher benötigen aber ein paar Jahre Zeit, bevor man eine große Ernte erwarten kann. Deshalb schon bei der Gartengestaltung die Obstbäume und Beerensträucher einplanen.

Diese Bäume und Sträucher sind recht pflegeleicht:

Obstbäume:

- Apfel
- Kirsche
- Mirabelle
- Zwetschge

Beerensträucher:

- Johannisbeere
- Himbeere
- Brombeere
- Stachelbeere

- **Bei mehrjährigen Pflanzen darauf achten ob diese Frosthart sind.** Wenn nicht, dann sollten sie im Herbst in einen Kellerraum oder Ähnliches gestellt werden. Am besten schon von Anfang an in tragbare Kübel pflanzen, so können sie leichter transportiert werden und man vermeidet durch das Ausbuddeln das die Wurzeln beschädigt und die Pflanze somit unnötig geschwächt wird. Durch das Stellen in einen frostfreien Raum erspart man sich, im nächsten Jahr, die Kosten für eine neue Pflanze. **Da schnell vergessen werden kann welche Pflanze nun winterhart ist und welche wiederrum nicht, empfehle ich kleine Pflanzenstecker zu beschriften.** So kann auf einem Blick erkannt werden, ob sie den Frost im kommenden Winter verträgt.

Mein Tipp: Sollte eine Pflanze trotz Abstellen in einem frostfreien Raum die Blätter verlieren und auch so nicht mehr zu retten aussehen, dann kratzen Sie ein wenig am Stamm und wenn dieser unter der Rinde noch grün ist, dann benötigt die Pflanze nur ein wenig Zeit um sich zu erholen. Falls die Pflanze unter der Rinde braun ist, dann ist dieser Ast nicht mehr zu retten. Vielleicht ist aber ein anderer noch grün und dann müssen nur die verfaulten entfernt werden.

Do it yourself

- **Deko für die unterschiedlichsten Orte selber machen.**

    - Einmachgläser mit Kerzen, Solar - oder Batterielichterketten mit Timer
    - Holzkisten als Aufbewahrungsmöglichkeit oder mit Blumen dekorieren
    - Alte Fenster beschriften
    - Windspiele aus Schnur und Holzstöcken
    - Sitzkissen selbst herstellen aus Stoffresten und für die Füllung Schaumstoff oder kleine Styroporkugeln nutzen

- **Kleine Steine können für Dekozwecke aus der Natur mitgenommen werden.**
  Aber bitte nicht übertreiben.

- **Auch Gartenmöbel müssen nicht immer gleich neu angeschafft werden. Mit Upcycling können gleichzeitig schöne Akzente im Garten gesetzt werden.**

- **Ein tolles günstiges Highlight für den Garten und Terrasse ist ein selbstgebautes Insektenhotel.**
  Zum Beispiele aus einem alten Wagenrad.

- **Ein breites Abflussrohr kann in die Erde gesteckt oder am Balkongeländer befestigt werden.** Mit einem Heißluftföhn und einer Glasflasche werden dann Mulden hineingedrückt. Das ist nicht nur ein Hingucker, sondern auch ein kleines Platzsparwunder für einen geringen Preis. **Dort hinein können Erdbeeren, Blumen oder Kräuter gepflanzt werden.**

- Wer schon mal nach einem Blumenübertopf geschaut hat, der weiß, dass diese Töpfe ordentlich ins Geld gehen können. **Eine günstige Alternative ist das Bepflanzen von alten Utensilien.**

Dazu gehören:

- Kochtöpfe
- Zinkwannen
- Körbe
- Schubladen
- Schuhe
- Hosen
- Schubkarren

Wen noch etwas mehr Platz zur Verfügung steht, dann können die Gefäße auf alten Tischen, Schränken oder Leitern in Szene gesetzt werden.

- Vor der nächsten Anschaffung überlegen ob dies nicht selbst gebaut werden kann z.B. ein Hochbeet, Gartenhaus und auch altes kann mit ein paar Handgriffen zu neuem Glanz erstrahlen. Mit einer Farbsprühdose das gebrauchte aber noch funktionierende Fahrrad in neuem Glanz besprühen. Dabei sind der Kreativität keine Grenzen gesetzt.

Spaziergang

- **Im Herbst können Pilze gesammelt werden,** aber vor dem Verzehr muss zu 100% sichergestellt werden, dass diese auch nicht giftig sind. Vielleicht bietet jemand in Ihrer Nähe eine Pilzwanderung an. Es gibt auch gute Apps die Pilze erkennen können. **Aber bitte wirklich nur verzehren, wenn man sich wirklich sicher ist.**

- Viel zu viele Leute verschmutzen unsere Umwelt. Aber auch neben all dem Unrat das sorglos in die Natur geworfen wird **findet sich auch die ein oder andere Pfandflasche. Aufheben, mitnehmen und in Bares Geld umtauschen.** Natürlich darf auch das Aufheben des Mülls nicht fehlen. Öffentliche Mülleimer stehen an vielen Wanderwegen.

- **Bei einem Spaziergang können am Wegesrand auch Hagebutten, Nüsse, Äpfel ... gesammelt werden.**

"Flächen in der freien Natur, für die kein ausdrückliches Betretungsverbot gilt, darf grundsätzlich jeder betreten - und zwar chne Erlaubnis von Eigentümern oder Behörden. Alles, was wild dort wächst, darf man in geringen Mengen für den persönlichen Bedarf mitnehmen. So sieht es das Bundesnaturschutzgesetz vor."

(Quelle: augsburger-allgemeine.de, Stand: 15.9.2020)

Für alle Ofen und Gartenbesitzer

- **Alte unbenutzte Paletten zersägen und im Ofen verbrennen.** Oft werden auch welche über eBay Kleinanzeigen verschenkt.

- Wir haben ein altes Geschirr- und Schwammtuch für die Reinigung unseres Ofens beiseite liegen. **Das wird auch nur für die Reinging des Ofenglases genutzt. Es muss nicht immer die Küchenrolle sein, alte Lappen erfüllen auch noch ihren Zweck.**

- **Lassen Sie das Feuerholz mindestens ein Jahr trocknen.** So verrußt die Ofenscheibe nicht zu stark und muss demnach mit weniger Reiniger gereinigt werden. Jedes zu feuchte Holzstück benötigt durch das Verdampfen des Wassers eine Menge Energie und es kann weniger Wärme in den Raum transportiert werden.

- **Bei einem nicht zu stark verschmutztem Ofenglas, ein altes Tuch oder beschädigte Klamotten nutzen, um das Glas damit trocken abzuwischen.** Es muss nicht immer mit dem Ofenreiniger gereinigt werden.

- Jeder der einen Garten besitzt kennt es: Die Zeit zum Bäume schneiden ist wiedergekommen.

Aber wohin mit dem Grünschnitt?
In den meisten Fällen wird es zum Bauhof gefahren. Besser ist es aber das angefallene Holz wieder zu verwenden und gleichzeitig etwas Geld sparen.

Die Äste von den Blättern befreien und für den Winter sammeln. Egal ob große oder kleine Äste. **Die Äste eignen sich perfekt zum Anzünden des Ofens** und es erspart sogar das Spalten des gekauften Feuerholzes.

Wenn man keinen Ofen besitzt, dann kann der Nachbar, Familienmitglieder oder Freunde gefragt werden. Diese freuen sich bestimmt über eine "Holzspende".

Ehrenamtliche Arbeiten

Ehrenamtliche Engagements sind kostenlos, bereiten Freude und es tut gut anderen Menschen oder auch Tieren, das Leben ein wenig besser zu gestalten.

Dazu gehören unteranderem diese Arbeiten:

- Der Feuerwehr
- Der Suppenküche
- Als Wahlhelfer
- Im Tierheim
- Im Bundesfreiwilligendienst

Überall werden helfende Hände gesucht und Geld ist eben nicht alles. Die neuen Kontakte und Erfahrungen sind um einiges wichtiger wie der Euro auf dem Konto. Man baut nicht nur Selbstvertrauen auf, entdeckt neue Stärken, sondern tut auch etwas für Andere und meistens entstehen dadurch neue positive Wege für einen selbst.

Wer ein Ehrenamt ausübt hat zu dem weniger Zeit um sich beispielsweise im Fitnessstudio anzumelden, da spart man sich schon diese monatlichen Kosten und je nach dem was man ausübt, ist der sportliche Affekt auch gleichzeitig gegeben.

Schlusswort

So nun haben Sie meine Spartipps zum Thema Garten und Urlaub gelesen. Ich hoffe, dass Sie das Buch etwas animieren konnte bei den nächsten Aktivitäten, im Urlaub und im Garten oder auf dem Balkon bares Geld zu sparen. Wahrscheinlich achten Sie auch automatisch noch ein klein wenig mehr auf unsere Umwelt und die Artenvielfalt der Insekten.

Haftungsausschluss

Die Benutzung dieses Buches und die Umsetzung der darin enthaltenen Informationen erfolgt ausdrücklich auf eigenes Risiko. Der Autor kann für etwaige Unfälle und Schäden jeglicher Art (z.b. aufgrund fehlender Sicherheitshinweise) aus keinem Rechtsgrund eine Haftung übernehmen. Haftungsansprüche gegen den Autor für Schäden materieller oder ideeller Art, die durch die Nutzung oder Nichtnutzung der Informationen bzw. durch die Nutzung fehlerhafter und/oder unvollständiger Informationen verursacht wurden, sind grundsätzlich ausgeschlossen. Rechts- und Schadenersatzansprüche sind daher ausgeschlossen. Das Werk inklusive aller Inhalte wurde unter größter Sorgfalt erarbeitet. Zudem garantiert der Autor keinerlei Erfolge mit den erwähnten Informationen in dem Buch, da sie nur auf persönlichen Erfahrungen basieren. Der Autor übernimmt auch keine Gewähr für die Aktualität, Korrektheit, Vollständigkeit und Qualität der bereitgestellten Informationen. Druckfehler und Falschinformationen können nicht vollständig ausgeschlossen werden. Es kann keine juristische Verantwortung sowie Haftung in irgendeiner Form für fehlerhafte Angaben und daraus entstandenen Folgen vom Autor übernommen werden. Alle Fotos sind ebenfalls urheberrechtlich geschützt. Da Urheberrecht liegt beim Autor.